Manfred Müller

C000062715

Thomas Manns Novelle "Tristan" - Die Namen
schen Schriftsteller Spinell und Großkaufmann

GRIN - Verlag für akademische Texte

Der GRIN Verlag mit Sitz in München hat sich seit der Gründung im Jahr 1998 auf die
Veröffentlichung akademischer Texte spezialisiert.

Die Verlagswebseite www.grin.com ist für Studenten, Hochschullehrer und andere Akade-
miker die ideale Plattform, ihre Fachtexte, Studienarbeiten, Abschlussarbeiten oder Disser-
tationen einem breiten Publikum zu präsentieren.

Dokument Nr. V176690 aus dem GRIN Verlagsprogramm

Manfred Müller

Thomas Manns Novelle "Tristan" - Die Namensgebung sowie die Auseinandersetzung zwischen Schriftsteller Spinell und Großkaufmann Klöterjahn

GRIN Verlag

Bibliografische Information der Deutschen Nationalbibliothek: Die Deutsche Bibliothek
verzeichnet diese Publikation in der Deutschen Nationalbibliografie; detaillierte bibliografische Daten sind im Internet über http://dnb.d-nb.de/ abrufbar.

1. Auflage 1995
Copyright © 1995 GRIN Verlag
http://www.grin.com/
Druck und Bindung: Books on Demand GmbH, Norderstedt Germany
ISBN 978-3-640-98108-3

Heinrich-Heine-Universität Düsseldorf

Germanistisches Seminar IV
Abteilung für Neuere Germanistik
Proseminar: Thomas Manns Erzählungen

Sommersemester 1995

Thomas Manns Novelle *Tristan* -
Die Namensgebung sowie
die Auseinandersetzung zwischen
Schriftsteller Spinell und Großkaufmann Klöterjahn

Manfred Müller

Inhaltsverzeichnis

I. Vorbemerkungen

Wer die Schönheit angeschaut mit Augen,
Ist dem Tode schon anheimgegeben,
Wird für keinen Dienst auf Erden taugen,
Und doch wird er vor dem Tode beben,
Wer die Schönheit angeschaut mit Augen!
August von Platen (Tristan, 1.Stophe)

Gegenstand dieser Arbeit ist die 1903 erstmals veröffentlichte Novelle Thomas Manns *Tristan.*
In einem ersten Teil gehe ich auf die Namen der Personen ein, so daß deutlich wird, daß Mann bereits durch die Wahl dieser Namen den literarischen Figuren charakterliche Eigen-schaften und Merkmale zugeschrieben bzw. nahegelegt hat.

Darüber hinaus beschäftigt sich diese Abhandlung mit der Auseinandersetzung zwischen dem Schriftsteller Detlev Spinell und dem Großkaufmann Anton Klöterjahn.
Kernstück des Aufeinandertreffens ist ein Streit, der durch einen von Spinell verfaßten und an Klöterjahn adressierten Brief ausgelöst wird.
Die Analyse der Konfrontation wird die unterschiedlichen Charaktere, die gegensätzlicher kaum sein könnten, deutlich herausstellen.
Dabei spielen vor allem die unterschiedlichen Einstellungen zum Leben - aber auch die Behauptung im Leben - eine wesentliche Rolle.

II. Die Namensgebung

Wie so häufig bei Thomas Mann, so verwendet er auch in *Tristan* sogenannte "sprechende Namen". Dieses stilistische Mittel findet sich in vielen seiner Werke (z.B. *Der kleine Herr Friedemann* in der gleichnamigen Erzählung, *Albrecht van der Qualen* in "Der Kleider-schrank" oder *Lobgott Piepsam* in "Der Weg zum Friedhof").

Erstaunlich erscheint in *Tristan* jedoch, daß jede Person in diesem Stück mit einem Namen bedacht ist, der mehr zu sein scheint als eine bloße Anredebezeichnung.

Ausgehend von ihren Namen werde ich zusätzlich eine grobe Charakterisierung der Personen vornehmen.

1. Tristan

Der Name der Novelle *Tristan* ist an die Wagner-Oper *Tristan und Isolde* angelegt. Diese Oper ist für die Novelle insoweit von Bedeutung, als Gabriele Klöterjahn geb. Eckhof Stellen daraus - in denen sich gerade Sehnsuchts-, Liebes- und Todesmotiv vermischen[1] - auf dem Klavier spielt[2], was letztendlich - aufgrund der körperlichen Anstrengung - ihren Tod be-schleunigt.

Dieses Klavierspiel repräsentiert darüber hinaus die Kunst (wenn auch nur die nachahmende Kunst), zu der sich Gabriele Klöterjahn - durch Spinell dahingehend verführt - hinwendet.

Zu alledem ist *Tristan* der Versuch, Wagnersche Musik mit Worten zu vergegenwärtigen[3], und Mann selbst schreibt in einem Brief an Friedrich H. Weber:

> *Es war die Zeit der Maienblüte meiner Begeisterung für das "Opus metaphysicum", [...]. Aber Musikbeschreibung war immer meine Schwäche (und Stärke?).*[4]

2. Sanatorium Einfried

Einfried als Sanatoriumsbezeichnung eröffnet mehrere Assoziationsmöglichkeiten. Da ist zunächst der Name als solcher, der stark an die *Villa Wahnfried* Richard Wagners in Bayreuth erinnert.[5]

1 vgl. Gregor-Dellin (1962) S.25
2 vgl. Mann (1995) S.237ff
3 vgl. Vaget (1990) S.559
4 Wysling (1975) S.173
5 vgl. Dittmann (1971) S.5

Darüber hinaus suggeriert das Wort "Einfried" aber auch Ruhe und eine abgeschiedene Lage, die für einen Sanatoriumsaufenthalt nützlich sein sollten. Davon abgesehen liegt zusätzlich der Gedanke an eine Einfriedung, einen Zaun und an ein Eingeschlossensein nahe, wodurch die zunächst positive Konnotation eine Umkehrung ins Negative erfährt.

Überhaupt ist der Betrieb in diesem Sanatorium mehr als fragwürdig.
Wie kann es einer sichtlich körperlich geschwächten Patientin möglich sein, stundenlang Klavier zu spielen (Chopins Nocturnes, Passagen aus *Tristan und Isolde*), ohne vom Personal bemerkt bzw. daran gehindert zu werden?[1]
Von dem Schutz, den eine Einfriedung gewähren kann (hier: Schutz der Patientin), kann nun wahrlich nicht die Rede sein.

Man muß davon ausgehen, daß Thomas Mann sich der Ambiguität bewußt war und er den Namen gerade deshalb so gewählt hat.

3. Großkaufmann Anton Klöterjahn

Der Name Klöterjahn mutet auf den ersten Blick etwas ungewöhnlich an und hat durchaus - wie Spinell sagt - etwas Ordinäres.[2]

Lang deutet den Namen dahingehend, daß er ihn mit *Kloßjohann* übersetzt, um den großen Appetit und die erschütternde Gewöhnlichkeit Klöterjahns anzusprechen.[3]
Naheliegender erscheint mir jedoch die Übersetzung aus dem Nieder- bzw. Norddeutschen, in dem das Wort "Klöten" schlicht und ergreifend "Hoden" bedeutet.
Von *Hodenmann* läßt sich eine Verbindung zu dem Thema der Novelle - das Scheitern des Künstlers am Leben - ziehen, da Klöterjahn somit zu einer Allegorie des Lebens wird.[4]

Im Gegensatz zum anorganisch-sterilen Wesen des Künstlertums Spinells repräsentiert Klöterjahn (ebenso wie sein Sohn, der als eine "Fortsetzung" seines Vaters gesehen werden muß) das sinnlich-vitale Leben.[5]
Verstärkt wird die Überlegenheit Klöterjahns zusätzlich dadurch, daß er nicht einfach ein Kaufmann ist, sondern Thomas Mann ihn zu einem <u>Groß</u>kaufmann macht.
Er ist das unbewußt Menschliche, wobei unbewußt im Sinne von nicht vergeistigt, nicht rational vergegenwärtigt verstanden werden muß.
Das Gewöhnliche, das Profane seiner Art wird in der folgenden Darstellung sehr deutlich:

---

1 vgl. Lang (1967) S.99
2 vgl. Mann S.247
3 vgl. Lang S.96
4 vgl. Kurzke (1991) S.107
5 vgl. Dittmann S.9

Er redete laut, salopp und gutgelaunt, wie ein Mann dessen Verdauung sich in so guter Ordnung befindet, wie seine Börse, mit weit ausladenden Lippenbewegungen, in der breiten und dennoch rapiden Art der Küstenbewohner vom Norden. Manche Worte schleuderte er hervor, daß jeder Laut einer kleinen Entladung glich, und lachte darüber wie über einen gelungenen Spaß.[1]

Desweiteren zeichnet er sich durch einen ausgereiften Pragmatismus aus, der ihn zunächst immer nach der Notwendigkeit einer Sache - gerade wenn finanzielle Aspekte berücksichtigt werden müssen - fragen läßt. Zum Beispiel zeigt er wenig Verständnis dafür, daß er ins Sanatorium zurückgerufen wird, da seine Frau doch "nur" an der Luftröhre krankt, was ja mit einem "echten" Lungenleiden gar nicht zu vergleichen ist und deshalb von Klöterjahn bagatellisiert wird.[2]

4. Schriftsteller Detlev Spinell

Auffallend ist, daß der Schriftsteller als letzter der angeführten Personen namentlich erwähnt wird. Der Erzähler gibt zunächst vor, dessen Namen nicht zu kennen:

> **Sogar** *ein Schriftsteller ist da, ein exzentrischer Mensch, der den Namen irgendeines Minerals oder Edelsteines führt und hier dem Herrgott die Tage stiehlt ...*[3]

Allein dieser Satz verdeutlich bereits die Ironie, mit der Thomas Mann diesen Charakter bedeckt.

Zu Beginn des 4.Kapitels erfährt der Leser dann den Namen des Schriftstellers: *Spinell*. Spinell ist ein Mineral, das farbige Kristalle bilden kann (aber eben nicht zwingend bilden muß) und dementsprechend unterschiedlichen Wert annimmt.[4]

Bedeutsam an der Wahl dieses Namens erscheint, daß gerade ein anorganischer, steriler Gegenstand gewählt wurde, der eindeutig im Kontrast zum organisch-vitalen Namen *Klöterjahn* steht und den Dualismus der beiden Charaktere bereits auf dieser Ebene ausdrückt.
Desweiteren ist die unterschiedliche Wertigkeit, die der Edelstein annehmen kann, von Wichtigkeit, denn bei Spinell stellt sich im Laufe der Erzählung die Frage, ob er als Künstler ein "Edelstein" ist oder doch nur ein unproduktiver Schriftsteller, ein esoterischer Stilkunst-Poet, der dem leeren Ästhetizismus frönt[5] (wobei letzteres bejaht werden muß).

---

1 Mann S.216
2 vgl. ebd. S.243
3 ebd. S.211 (Hervorhebung MM)
4 vgl. Dittmann S.13
5 vgl. Hermand (1964) S.440f

Auf der Wortebene liegt auch eine Assoziation zu "Das Spinnige", "Das Versponnensein" nahe, was ja durchaus eine Charaktereigenschaft Spinells ist (lebt wegen des Empire-Stiles im Sanatorium[1]; erklärt sein Frühaufstehen zur Heuchelei[2]).

Daß darüber hinaus Mann einen Mineral-, Edelsteinnamen ausgesucht hat, um eine Verbindung zu dem Pianisten Artur Rubinstein herzustellen und um so auf die jüdische Herkunft Spinells anzuspielen[3], erscheint plausibel - auch wenn die Tatsache, daß Spinell ein Jude ist, für die Novelle nur - wenn überhaupt - marginale Bedeutung hat. Ein Indiz für die Verbindung Rubinstein-Spinell ist jedoch der identische Geburtsort Lemberg (das heutige Lodz), den Mann seiner literarischen Figur zudichtet.[4]

5. Herrn Klöterjahns Gattin Gabriele Klöterjahn geb. Eckhof

Über die Titelierung Gabriele Klöterjahns lassen sich auf der einen Seite - wenn sie mit *Klöterjahn* angesprochen oder beschrieben wird - Rückschlüsse auf ihren Mann und dessen Ideale ziehen, und auf der anderen Seite - wenn von *Gabriele Eckhof* die Rede ist - offenbart sich ihre Affinität, Hingezogenheit, aber auch Verführbarkeit zur Kunst.

Da Gabriele der einzige Charakter in *Tristan* ist, der von Thomas Mann nicht mit Ironie oder Spott bedacht wird, erscheinen Formulierungen, die sie betreffen, um so sorgfältiger gewählt.

Bei einem der ersten Male, bei denen sich der Erzähler mit der Person Gabrieles beschäftigt, nennt er sie *die Frau, die Herrn Klöterjahns Namen trug.*[5]
Dies bedeutet, daß sie nicht Frau Klöterjahn <u>ist</u>, sondern nur so heißt, den Namen nur trägt, nur angenommen hat; sie steht somit auch nicht für die Ideale ihres Mannes, da sie keine echte, keine typische Klöterjahn ist.

Wenn von *Herrn Klöterjahns Gattin*[6] die Rede ist, verdeutlicht der Erzähler - durch die besitzanzeigende Konstruktion -, daß der Großkaufmann Klöterjahn seine Frau als Eigentum, als Objekt wahrnimmt. Für Gabriele selber bedeutet diese Titelierung, daß ihr eine eigen-ständige Persönlichkeit abgesprochen wird, daß sie vom Schatten ihres Mannes verdeckt - wenn nicht sogar letztendlich erdrückt wird.
Ihre Individualität wird erst wiederentdeckt bzw. belebt, als Spinell ihren Mädchennamen Eckhof als den Namen ansieht, der im Gegensatz zu Klöterjahn *passiert.*[7]

---

1 vgl. Mann S.221
2 vgl. ebd. S.222f
3 vgl. Lang S.97
4 vgl. Mann S.219
5 ebd. S.214
6 vgl. ebd. z.B. S.216, S.219f
7 vgl. ebd. S.226

Bezüglich des Namens *Eckhof* fühlt Lang sich an die Storm-Novelle *Eekenhof* erinnert, in der gleich zwei Mütter - analog zu Gabriele - nach der Entbindung ihre Lebenskraft verlieren. Bestärkend kommt für ihn, als Indiz für den Bezug, der Vorname *Detlev* hinzu, den sowohl Eekenhofs Sohn als auch Spinell tragen.[1]

Da aber Spinell als Reaktion auf *Eckhof* anführt, daß so ein großer Schauspieler geheißen habe[2], erscheint es mir wahrscheinlicher, daß Mann bei der Namensfindung an Konrad Eckhof (1720-1778) gedacht hat. Dieser Konrad Eckhof war ein bedeutendes Mitglied des Hamburger Nationaltheaters und wird zuweilen der "Vater der deutschen Schauspielkunst" genannt.[3]

Dieser Bezug zu einem Künstler ist auch gerade hinsichtlich der Weiterentwicklung Gabrieles - hin zur Kunst - naheliegender als der zu einem literarischen Werk, das als Berührungspunkt zum Charakter Gabrieles nur die Leiden nach einer Entbindung hat.

Zu dem Vornamen *Gabriele* ist noch anzumerken, daß er sich vom Erzengel Gabriel ableitet, der die kommende Erlösung verkündete.[4] Daher kann man den Namen bereits als eine Vorankündigung des bevorstehenden Todes (=Erlösung?) Gabrieles ansehen. Verstärkt wird die Verbindung zum Erzengel durch Klöterjahns Kosenamen für seine Frau: *mein Engel*[5]

6. Magistratsrätin Spatz

Durch die Charakterisierung der Magistratsrätin, die Mann mit viel Ironie, aber auch Spott betreibt, gibt es nur eine einzige naheliegende Assoziation zu ihrem Namen, und zwar *Spatzenhirn.*[6]

Diese Assoziation läßt sich eindrucksvoll an einigen Textbeispielen belegen:

"Ja, das ist merkwürdig", sagte sie. "Übrigens verstehe ich es, wenn ich mir mir Mühe gebe."

Auch die Rätin Spatz lachte und fand es merkwürdig; aber sie sagte nicht, daß sie es verstünde.

Auch die Rätin Spatz wollte es erklärt haben.[7]

1 vgl. Lang S.96
2 vgl. Mann S.226
3 vgl. Dittmann S.20
4 vgl. Lang S.96
5 Mann S.212
6 vgl. Lang S.96
7 alle Zitate: Mann S.222f

Die Rätin schließt sich Gabriele sofort als ältere Freundin an[1] und kapselt sie gegen alle anderen Sanatoriumspatienten - mit Ausnahme Spinells - ab. Durch ihr Verhalten sorgt sie in letzter Konsequenz dafür, daß Spinell Gabriele erfolgreich zur Kunst verführen kann.

7. Pastorin Höhlenrauch

Die Pastorin Höhlenrauch ist eine *fünfzigjährige Dame, [...], die neunzehn Kinder zur Welt gebracht hat und absolut keines Gedankens mehr fähig ist, [...].*[2] Von diesen (anderen) Umständen läßt sich ihr Name in Richtung "von Geburten ausgehöhlt und ausgebrannt" lesen.[3]

Daß sie in gesteigerter Art und Weise die Leiden der Gabriele, die sich nach der Geburt nur eines Kindes bereits körperlich nicht mehr erholt, vorspiegelt, macht die Pastorin zu einer Schicksalsvorbotin für Gabriele Klöterjahn geb. Eckhof. Ihr schattengleiches Vorbeiziehen während des Klavierspiels läßt ihr zudem die Funktion einer Todesvorbotin zukommen.[4]

Langs Assoziation zu Platons "Höhlengleichnis"[5], in dem in der Sinnenwelt nur die Schatten der Dinge der Ideenwelt erkennbar sind, greift zwar die Stichpunkte *Höhle* und *Schatten* auf, bietet darüber hinaus aber keine Hilfestellung, um die Rolle der Pastorin oder gar die gesamte Novelle besser zu verstehen.

8. Doktor Leander

Der Name des Sanatoriumsleiters ist nicht anders als ironisch zu verstehen.
Aus dem Griechischen übersetzt bedeutet *Leander* Mann aus dem Volk bzw. Mann des Volkes[6], und dies ist Doktor Leander nun wahrlich nicht.
Er nutzt die Schwächen seiner Patienten (sowohl die gesundheitlichen als auch die Schwächen in der Behauptung im Leben) aus, und er wartet darauf, daß sie ihm ihr Vermögen ausliefern.[7]
Sieht man sich einmal die Anzahl der verschiedenartigen Krankheiten an[8], so drängt sich der Verdacht auf, daß in diesem Sanatorium einfach jeder aufgenommen wird - auch wenn z.B.

1 vgl. Mann S.214
2 ebd. S.211
3 vgl. Lang S.97
4 vgl. Mann S.240f
5 vgl. Lang S.97
6 vgl. Brockhaus Enzyklopädie, Dreizehnter Band (1990) S.167
7 vgl. Mann S.210
8 vgl. ebd. S.211

das Klima des Ortes unvorteilhaft ist oder die medizinische Ausrüstung und Fähigkeit der Ärzte nicht ausreichen, um eine Heilung zu ermöglichen - solange er angemessen dafür zahlen kann.

Letztendlich kommt die eher freie Übersetzung Langs (Leander = Löwenmännchen = Salonlöwe und Modearzt[1]) der vorrangigen Lesart doch sehr nahe, denn Leanders ganzes Verhalten ist darauf abgezielt, Erfolge zu erheischen. Deshalb lehnt er es ab, *beinahe Gesunde* und *Hoffnungslose* zu behandeln[2], deren Heilung bzw. Ableben ihm keinen Ruhm einbringen können.

Daß Doktor Leander auf dem Gebiet der Medizin zudem nicht sehr innovativ ist und auch nicht auf individuelle Belange seiner Patienten eingeht, zeigt seine Behandlung nach der Methode, die *die Wissenschaft vorschreibt*[3].
Thomas Mann selber schneidet dem Anstaltsleiter durch seine Beschreibung (Modebart = Roßhaar, mit dem man Möbel stopft)[4] von vornherein die Achtung und Würde ab, die der Leser ansonsten einer Person in dieser gesellschaftlich angesehenen Position zugestände.

Ein Bezug zu dem griechischen Mythos *Hero und Leander* oder zu dem darauf basierenden Gedicht Friedrich Schillers, läßt sich - meines Erachtens - nur aus der Sicht von Fräulein von Osterloh aufbauen.
Der Mythos schildert eine Liebe, die sich gegen widrige Umstände stellen muß, letztendlich aber doch unerfüllt bleibt, da sowohl Leander als auch Hero ums Leben kommen.[5]
Ebenso wie die Hero hegt auch Fräulein von Osterloh die Hoffnung, mit ihrem Auserwählten ein Paar zu bilden, was aber sowohl der Hero als auch Fräulein von Osterloh verwehrt bleibt - auch wenn letzterer in *Tristan* ein ähnliches Schicksal wie der ersteren erspart bleibt.

9. Fräulein von Osterloh

Hervorstechendes Merkmal dieses Namens ist das Adelsprädikat, das sie von den anderen Personen unterscheidet.
Nur hat dieses "von" nicht die adelige Funktion im herkömmlichen Sinne, sondern es kann vielmehr als die "Auszeichnung" für eine "herausragende Haushaltswirtschafterin" verstanden werden:

> *Mein Gott, wie tätig sie, treppauf und treppab, von einem Ende der Anstalt zum anderen eilt! Sie herrscht in Küche und Vorratskammer, sie klettert in den*

1 vgl. Lang S.96
2 vgl. Mann S.242
3 ebd. S.242
4 vgl. Mann S.210
5 vgl. Brockhaus Enzyklopädie, Neunter Band S.714

Wäscheschränken umher, sie kommandiert die Dienerschaft und bestellt unter den Gesichtspunkten der Sparsamkeit, der Hygiene, des Wohlgeschmacks und der äußeren Anmut den Tisch des Hauses, [...].[1]

Neben dieser ironischen Adelung beinhaltet ihr Name noch das Moment der leise vor sich hinglimmenden (-loh) Hoffnung (Oster-); diese *unauslöschliche Hoffnung* bezieht sich darauf, *dereinst Frau Doktor Leander zu werden.*[2] Hinzukommt, daß eine Lohe stets in der Gefahr ist, zu erlöschen, und so scheint es auch mit der Präsenz des Fräulein von Osterloh zu sein. Zunächst wird sie in ihrer *rasenden Umsicht*[3] geschildert, und danach darf sie ein Urteil über Spinells Buch abgegeben.[4] Im nun folgenden wird nur von ihr und über sie gesprochen, ohne daß sie selber noch einmal präsent wäre. Gabriele Klöterjahn "benutzt" sie, um sich durch ein absichtliches Mißverstehen den "Annäherungsversuchen" Spinells zu erwehren.[5] Desweiteren hat jeder Verständnis dafür, daß eine so viel beschäftigte Haushaltsvorsteherin keine Zeit für eine Schlittenpartie hat[6], und die Erwähnung ihrer in aller Eile auf dem Klavier gespielten "Klosterglocken"[7] ist auch nicht dazu geeignet, ihre langsam schwindende Präsenz aufzuhalten, und bis zum Ende der Erzählung ist die Bedeutung der Figur des Fräulein von Osterloh gänzlich erloschen.

10. Doktor Müller

Allein die Vorstellung dieses Arztes zeigt bereits seinen ihm zugedachten (oder besser: eben nicht zugedachten) Stellenwert:

Übrigens ist, neben Herrn Doktor Leander, noch ein zweiter Arzt vorhanden, für die leichten Fälle und die Hoffnungslosen. **Aber** *er heißt Müller und ist überhaupt nicht der Rede wert.*[8]

Die Tätigkeit des Arztes mit diesem "Allerweltsnamen"[9] ist in keinster Weise dazu geeignet, ihm in irgend einer Art Ruhm auf dem medizinischen Sektor zukommen zu lassen; entweder

---

1 Mann S.210
2 ebd. S.210
3 ebd. S.210
4 vgl. ebd. S.218
5 vgl. ebd. S.224f
6 vgl. ebd. S.232
7 vgl. ebd. S.235
8 Mann S.212 (Hervorhebung MM)
9 die angeführten Eigenschaften beziehen sich nur auf diese literarische Figur, Personen mit demselben Familiennamen distanzieren sich selbstverständlich von diesen Ausführungen. MM

seine Patienten sterben oder aber ihre Krankheiten sind derart gelagert, daß ihre Heilung vermutlich auch ohne ärztliche Betreuung vonstatten ginge. Auch die despektierliche Vorstellung Müllers ohne seinen akademischen Grad schmälert seine Bedeutung.

Doktor Müller kommt jedoch die abschließende Behandlung Gabriele Klöterjahns zu - was bereits darauf hindeutet, daß sie eine "Hoffnungslose" ist -, und er ist es, der Anton Klöterjahn in das Sanatorium zurückruft.
Seine gerade zugewonnene Bedeutung für das Erscheinen Klöterjahns wird sofort dadurch wieder zurückgenommen, daß er einen sprachlichen Fehler begeht - auf den der Erzähler auch sofort aufmerksam macht.[1]

11. Doktor Hinzpeter

Dieser Name ist so auffällig, daß man ihn geradezu nur für eine Parodie verwenden kann.
Der Hausarzt der Klöterjahns erfüllt seine medizinische Betreuung dadurch, daß er seinen Patienten das Husten verbietet.[2]
Er - der alternativ auch Hintz oder Kuntz heißen könnte - stellt außerdem die Fehldiagnose, daß Gabriele Klöterjahn an der Luftröhre leidet[3], wohingegen durch die Symptome deutlich wird, daß es sich um eine Lungenkrankheit - vermutlich Tuberkulose - handeln muß.
Daß Doktor Hinzpeter daraufhin eine falsche Behandlung anordnet und sich treuselig der Mittel bedient, die die Schulmedizin für den von ihm diagnostizierten Fall bereithält, entspricht seinen beschränkten medizinischen Fähigkeiten.[4]

III. Die Auseinandersetzung zwischen Spinell und Klöterjahn

Wie bereits angedeutet repräsentieren Spinell und Klöterjahn vollkommen unterschiedliche Ideale; das wäre noch nicht weiter bedeutsam, wenn diese unterschiedlichen Vorstellungen nicht vehement aufeinanderprallten.
Entzündet wird der gesamte Konflikt an der Person der Gabriele Klöterjahn, die mit dem einen verheiratet ist, aber von dem anderen begehrt wird.
Spinell ist der Meinung, Klöterjahn wisse seine eigene Frau nicht zu schätzen, und er schreibt ihm aus diesem Grund einen Brief, der dann wiederum Auslöser für einen Streit zwischen den beiden ist.

1 vgl. Mann S.243
2 vgl. ebd S.214
3 vgl. ebd. S.215
4 vgl. ebd. S.215

Innerhalb des Briefes und des Streites offenbaren sich aber nicht nur die Einstellungen zu Gabriele, sondern sie gewähren auch einen Einblick in die Charakterkonzeptionen von Schriftsteller und Großkaufmann.

1. Der Brief

Bevor noch der erste Satz des Briefes geschrieben ist, lassen sich bereits Schlüsse auf Spinells Charakter ziehen; allein die Tatsache, daß er jemandem, der in dem selben Haus wohnt wie er, einen Brief mit der Post zuschickt, zeigt seine Scheu vor einer direkten Konfrontation.[1]
In diesem Fall bedeutet das, daß Spinell sich nicht dem Vertreter der Wirklichkeit, dem Leben als solchem stellen will und seine Rache, die somit offensichtlich zu der Rache eines Schwachen wird, nur auf Distanz übt.[2]

Er beschreibt seine Motivation, den Brief aufzusetzen, als ein inneres Bedürfnis; er könne nicht anders, da ihm *die Worte mit einer solchen Heftigkeit zuströmen.*[3]
Der Erzähler erklärt jedoch, daß Spinell die Worte nur tröpfchenweise zukamen; daher muß man davon ausgehen, daß der Briefschreiber das Gegenteil deshalb behauptete, um eine Vehemenz und Wichtigkeit (wohl auch gerade für sich selbst) in seine Worte zu legen, die ansonsten nicht vorhanden gewesen wären.

Spinell unterstellt Klöterjahn, daß dieser die Begebenheit, Gabriele Eckhof kennengelernt zu haben und heiraten zu dürfen, nicht angemessen zu schätzen wisse.

Sie waren es, der sie [die Kennenlern-Geschichte] *erlebte; und dennoch bin ich es, dessen Worte sie Ihnen erst in Wahrheit zur Bedeutung eines Erlebnisses erheben wird.*[4]

Der Schriftsteller erhebt den Anspruch, die "wahre" Geschichte zu kennen; wenn man jedoch seine Darstellung der Brunnenszene[5] mit derjenigen vergleicht, die Gabriele Eckhof vorher gegeben hat[6], zeigt sich, daß Spinell die tatsächlichen Gegebenheiten in einem Jugendstil-Märchen verklärt.[7]
Es erscheint so, als wenn er als angeblich "Erkennender" nicht mehr am tatsächlichen Leben teilhat, sondern es in Geist auflöst[8]. Letzten Endes verfälscht seine Darstellung der Kennenlern-Geschichte die Realität mehr als Klöterjahns grobe Erinnerung und Nicht-Würdigung.[9]

1 vgl. Dittmann S.30
2 vgl. Lehnert (1971) S.34
3 Mann S.244
4 ebd. S.245
5 vgl. ebd. S.245
6 vgl. ebd. S.228
7 vgl. Vaget S.559
8 vgl. Kurzke S.107
9 vgl. Lehnert (1971) S.33

Spinell haßt die Wirklichkeit allein weil sie wirklich ist, was zur Folge haben muß, daß der bodenständige Klöterjahn ihn nicht versteht und dessen Ausführungen nicht nachvollziehen kann.

Detlev Spinell offenbart in seinem Brief den Eindruck, den er von Anton Klöterjahn hat, und gibt seine Charakterisierung preis.
Er sieht in ihm jemanden, der ausschließlich *besitzen* möchte, den *plebejischen Gourmand*, den *Bauer mit Geschmack*, der *unwissend* und *erkenntnislos* durch's Leben läuft und *sich auf verschwiegenen Korridoren mit Stubenmädchen die Zeit verkürzt*. Er beschreibt ihn als jemanden, der sich auf einer *äußerst niedrigen Entwicklungsstufe* befindet, der den Stellenwert seiner Frau verkennt und sich nicht für deren Seelenleben interessiert, sondern sie lediglich mit seinem *ordinären Namen* erniedrigt.[1]

Der Künstler verfolgt gleich mehrere Ziele mit seinem Brief an Klöterjahn.
Er beabsichtigt, dem Ehemann Gabriele Eckhofs dessen seelische Roheit vor Augen zu führen, er will die andere Wahrheit - seine Wahrheit - darstellen, und darüber hinaus will er Rache üben und seinem Haß gegen Klöterjahn und dessen Sohn Ausdruck verleihen.[2]
Er haßt sie, weil sie das gemeine, lächerliche und dennoch triumphierende Leben verkörpern.[3]

Aus seiner Position heraus stellt Spinell keine Forderungen an Klöterjahn, er verlangt nicht, sondern er macht nur aufmerksam, um letzten Endes zu entsagen.[4]
Er ist sich durchaus bewußt, daß sein Widerpart der Stärkere ist, aber er ist zuversichtlich, daß seine Waffen *Geist und Wort* ausreichen, um Klöterjahn wenigstens ein wenig zu treffen.[5]

Sein Brief ist offen, ehrlich und mutig geschrieben; jedoch kann er seine beabsichtigte Wirkung schon deshalb nicht erzielen, da das Verständnis Klöterjahns nicht ausreicht, um den Racheakt Spinells angemessen nachvollziehen zu können.
Daß der Großkaufmann als Mensch, der *das Herz auf dem rechten Fleck*[6] hat, dennoch auf den Brief reagiert, erklärt sich von selbst.
Er dringt in das Zimmer des Künstlers - dessen Position bereits durch seine Anwesenheit in einem bürgerlichen Sanatorium geschwächt ist - ein, und er beweist und demonstriert allein durch seine physische Präsenz schon seine Überlegenheit gegenüber Spinell.[7]

---

1 vgl. Mann S.246ff
2 vgl. Lehnert (1968) S.90 und vgl. Mann S.248
3 vgl. Mann S.248
4 vgl. Hermand S.445
5 vgl. Mann S.248
6 Mann S.252
7 vgl. Lehnert (1971) S.34

2. Der Streit

Wie bereits erwähnt, erscheint Klöterjahn als Reaktion auf Spinells Brief persönlich bei ihm.

Als auffälliges Verhaltensmerkmal beschreibt der Erzähler die Entschlossenheit, die Klöterjahn an den Tag legt, und mit der er seine Interessen vertreten will. Im Gegensatz dazu zeigt der Briefverfasser sich überrascht, als es an seiner Tür klopft.[1] Dies legt die Vermutung nahe, daß er nicht mit einer Reaktion seines Widersachers gerechnet hatte, sondern davon ausgegangen war, daß sein Brief die erwünschte Wirkung erzielt und deshalb auch keiner weiteren Ausführungen bedarf.

Die folgenden Beschreibungen der körperlichen und geistigen Verfassung Spinells stehen im krassen Gegensatz zu seiner Konstitution während des Schreibens des Briefes.
Die Wortwahl des Briefes, der mutig, scharf, hart und kämpferisch verfaßt ist, läßt Rückschlüsse dahingehend zu, daß Spinell sich in einer adäquaten Gemütsverfassung befunden haben muß; nun aber, da es an eine Auseinandersetzung vis-à-vis geht, fühlt er sich *nervös, wenig widerstandsfähig, matt* und *zur Verzweiflung geneigt.*[2]

Als erstes scheint die pragmatische Ader des Großkaufmanns durch, der kein Verständnis für die Umständlichkeit des Briefeschreibens und -verschickens aufbringen kann, wenn man mit jemandem auch direkt sprechen kann.[3]
Klöterjahn gibt zwar zu, daß ihn der Brief *über gewisse Dinge aufklärte*[4], aber dabei handelt es sich nicht um die von Spinell vorgesehenen Dinge. Die Ausführungen öffneten Klöterjahn nicht die Augen über seine Beziehung zu Gabriele, sondern über das in seinen Augen äußerst eigentümliche Verhalten des Schriftstellers.

Klöterjahns Verteidigung - die eigentlich ein Angriff ist - wird von Thomas Mann ebenfalls ironisiert.
Die Verwechslung der Adjektive *unaussprechlich* mit *unauslöschlich* und *unausweichlich* mit *unausbleiblich*[5] verdeutlicht das mäßige Bildungsniveau Klöterjahns, wodurch seine überlegene Stellung etwas reduziert wird.

Die Ausführungen Klöterjahns - gespickt mit Invektiven (Hanswurst, großer Feigling, Jammermensch, niederträchtiger Feigling, Esel, hinterlistiger Idiot, heimtückischer Patron)[6], die er seinerseits Spinell unterstellt hat, der in seinem Brief aber nie so ausfallend geworden ist - führen dazu, daß Spinell vollkommen eingeschüchtert wird und geradezu vor Klöterjahn kapitulieren muß:

1 vgl. Mann S.249
2 ebd. S.249
3 vgl. ebd. S.250
4 ebd. S.250
5 ebd. S.250f
6 vgl. ebd. S.250ff

Er stand da, hilflos und abgekanzelt, wie ein großer, kläglicher, grauhaariger Schuljunge.[1]

Klöterjahn sieht die "Verführung Gabrieles zur Kunst" als einen persönlichen Angriff auf ihn, als eine Intrige an, die Spinell gegen ihn angezettelt hat.

Der Großkaufmann erkennt nicht, daß seiner Frau das Mißverhältnis ihres Künstlertums zu ihrer Rolle als Herrn Klöterjahns Gattin bewußt geworden ist.

Es ist richtig, daß die Verbindung zwischen Gabriele und Anton Klöterjahn von dem Vertreter des Künstlertums untergraben wurde, aber dies war nur möglich, weil die Grundlage dieser Bindung zu schmal war.[2]

Klöterjahn versteht die Verführungsversuche jedoch als sexuelle und spricht seiner Frau die ausreichende Vernunft zu, den Annäherungen Spinells nicht zu erliegen[3]; dabei verkennt er vollkommen, daß die Verführungen auf einer ganz anderen Ebene - nämlich der künstle-   rischen (es bleibt auch dann eine künstlerische Ebene, wenn man das Klavierspiel als Sublimierung der Sexualität ansieht, das aufgrund der Impotenz Spinells anstelle des Geschlechtsaktes treten muß)[4] - bereits stattgefunden hat.

Typisch für Klöterjahn ist die Antwort, die er Spinell auf dessen Vorwurf, der Name *Klöterjahn* sei ordinär, gibt; der Großkaufmann bezieht seinen Namen auf das Geschäft und setzt ihn in seinem Ausspruch: *Mein Name ist gut*[5] mit der Kreditwürdigkeit gleich, die er sich erarbeitet hat. Auch hier argumentiert er auf einer anderen, einer profaneren Ebene als der Künstler.

Der Rätin Spatz bleibt es vorbehalten, der Auseinandersetzung - die doch mehr ein Monolog, eine Tirade Klöterjahns ist - ein abruptes Ende zu bereiten, da sie Herrn Klöterjahn zu seiner Frau ruft, die gerade einen Blutsturz - während sie ein Lied summte[6] - erlitten hat.

"[...] Gabriele!" sagte er plötzlich, indem die Augen ihm übergingen, und man sah, wie ein warmes, gutes, menschliches und redliches Gefühl aus ihm hervorbrach.[7]

Klöterjahn ist im Gegensatz zu Spinell zu dieser Gefühlsregung, die äußerst positiv bewertet wird, fähig; dies und die Tatsache, daß der Schriftsteller innerlich vor dem Leben - in Gestalt von Anton Klöterjahn jun. - davonläuft, läßt das Leben letztendlich über ihn triumphieren.[8]

---

1 Mann S.251
2 vgl. Lang S.106ff
3 vgl. Mann S.251
4 vgl. Lehnert (1971) S.33 und vgl. Olsen (1965) S.217ff
5 Mann S.252
6 vgl. ebd. S.253
7 ebd. S.253
8 vgl. ebd. S.256

Die Einschätzung der Werte, die durch die beiden unterschiedlichen Charaktere repräsentiert werden, nahm Thomas Mann selber vor:

Er ist ein Ästhet, der im Zusammenstoß mit einem Mann der praktischen Realität eine klägliche Rolle spielt, aber gegen den ordinären Klöterjahn vertritt er mit seinem skurrilen Schönheitssinn doch schließlich das höhere Prinzip.[1]

IV. Schlußbemerkungen

Es ist nicht zu vergessen, daß lediglich zwei spezielle Punkte als Thema für diese Abhandlung ausgewählt wurden, die selbstverständlich nicht die gesamte Erzählung abdecken können.

Diese Themenauswahl war geeignet, um erstens zu zeigen, wie Thomas Mann bereits mit der Vergabe der Namen inhaltlich Eigenschaften und formal ironisierende Momente in einen Text einbaut, ohne lange Charakterisierungen vornehmen zu müssen, und um zweitens das grundlegende Thema der Novelle näher zu durchleuchten. Anhand des Briefes und des Streites wurden die gegensätzlichen Lebensauffassungen Klöterjahns und Spinells deutlich. Vor allem das Scheitern des Ästheten, des Außenseiters am Leben, das durch die Übermachtstellung des Bürgers und seines Sohnes verursacht, beschleunigt wird, ist dabei von zentraler Bedeutung. Man darf trotzdem nicht übersehen, daß die Erzählung neben dem Künstlertum - eben durch die Art und Weise der Darstellung Klöterjahns - auch das Bürgertum trifft.

Für weitere Untersuchungen des *Tristan* wäre es interessant, den Charakter der Gabriele Eckhof stärker miteinzubeziehen, da sie der Berührungspunkt zwischen den Polen Klöterjahn und Spinell ist. Auch könnte man sich intensiv mit der Verwendung von Ironie beschäftigen, um so ein typisches Thomas-Mann-Stilmittel bereits in einer frühen Erzählung zu untersuchen, um darüber hinaus Veränderungen oder Übereinstimmungen im Gebrauch von Ironie in späteren Werken herauszuarbeiten.

Abschließend ist zu sagen, daß sich auch nach mehrfacher Lektüre des *Tristan* immer noch neue Facetten und Feinheiten im Text finden, die die Erzählung als ein rundum gelungenes Werk erscheinen lassen, das - meines Erachtens - im Vergleich zu *Tonio Kröger* bisher zu wenig Beachtung gefunden hat.

---

1 Wysling S.174

18

Literaturverzeichnis

Mann, Thomas (1995)
Tristan. In: Der Wille zum Glück und andere Erzählungen.
Fischer Taschenbuch Verlag, Frankfurt am Main, S.210-256.

Die Literatur über Thomas Mann (1972)
Eine Bibliographie 1898-1969, bearbeitet von Harry Matter, Band 1.
Aufbau-Verlag Berlin und Weimar.

Neue deutsche Rundschau (1903)
(Freie Bühne), 14.Jahrgang, Drittes und Viertes Quartal, Band 2.
Verlag S.Fischer, Berlin-W., S.1331-1333.

Kirchberger, Lida (1961)
Tristan. In: Monatshefte. A Journal Devoted to the Study of German Language and Literature, Volume 53.
Madison, Wisconsin, S.363-364.

Gregor-Dellin, Martin (1962)
Tristan und seine literarischen Folgen.
In: Opernwelt 3, Monatszeitschrift für Oper Operette Ballett, Heft 7/8.
Deutscher Opernverlag GmbH, Stuttgart, S.25-26.

Hermand, Jost (1964)
Peter Spinell. In: Modern Language Notes 79.
The Johns Hopkins Press, Baltimore 18, Maryland, S.439-447.

Sørensen, Bengt Algot (1965)
Die symbolische Gestaltung in den Jugenderzählungen Thomas Manns.
In: Orbis Litterarum, Vol. XX No.2.
Munksgaard, Copenhagen, S.85-97.

Olsen, Henry (1965)
Der Patient Spinell.
In: Orbis Litterarum, Vol. XX No.1.
Munksgaard, Copenhagen, S.217-221.

Berendson, Walter A. (1965)
Thomas Mann. Künstler und Kämpfer in bewegter Zeit.
Verlag Max Schmidt-Römhild, Lübeck.

Lang, Wilhelm (1967)
"Tristan" von Thomas Mann. Genese - Analyse - Kritik.
In: Der Deutschunterricht, Jahrgang 19 - 1967 - Heft 4.
Ernst Klett Verlag, Stuttgart, S.93-111.

Lehnert, Herbert (1968)
Thomas Mann. Fiktion, Mythos, Religion.
Zweite, veränderte Auflage.
W. Kohlhammer Verlag, Stuttgart Berlin Köln Mainz.

Lehnert, Herbert (1971)
Die Künstler-Bürger-Brüder. Doppelorientierung in den frühen Werken von Heinrich und
Thomas Mann. In: Pütz, Peter (Hg.). Thomas Mann und die Tradition.
Athenäum Verlag, Frankfurt/Main, S.14-51.

Dittmann, Ulrich (1971)
Erläuterungen und Dokumente. Thomas Mann Tristan.
Philipp Reclam jun., Stuttgart.

Wysling, Hans (Hg.) (1975)
Tristan.Novelle.
In: Dichter über Dichtungen, Band 14/I. Thomas Mann, Teil I: 1889-1917.
Ernst Heimeran Verlag, Passau, S.171-174.

Brockhaus Enzyklopädie (1990)
in vierundzwanzig Bänden. Neunzehnte, völlig neu bearbeitete Auflage.
F.A. Brockhaus, Mannheim.

Vaget, Hans R. (1990)
Frühe Meisterschaft: Tristan. Sechs Novellen.
In: Koopmann, Helmut (Hg.). Thomas-Mann-Handbuch.
Alfred Kröner Verlag, Stuttgart, S.556-570.

Kurzke, Hermann (1991)
Thomas Mann. Epoche-Werk-Wirkung.
2., überarbeitete Auflage.
Verlag C.H. Beck, München, S.106-112.

Lightning Source UK Ltd.
Milton Keynes UK
UKRC021448170319
339247UK00001B/21